Henri III
roi de France
en 1574

Henri IV
roi de France
en 1589

Louis XIII
roi de France
en 1610

Louis XIV
roi de France
en 1643

La collection

L'enfance de l'art

est dirigée par Marie Sellier.

Déjà parus :

B comme Bonnard
M comme Matisse
M comme Manet
T comme Toulouse-Lautrec

Pompon, sculpteur

Aménophis III, pharaon

Merci à Paul Mironneau, Marie-Dominique de Teneuille, Clémence Berg, Anne de Margerie, Bertrand Roger, Laurent Theis, Progenia.

Conception graphique et maquette :
Thomas Gravemaker, X-Act

© Editions de la Réunion des
musées nationaux, 1994
49, rue Étienne-Marcel, 75001 Paris
© Spadem, Adagp, 1994

ISBN : 2-7118-3171-X

Laura Jaffé

HENRI IV
roi de France et de Navarre

à Lise et Rémi

**Réunion
des Musées
Nationaux**

Sommaire

Naissance d'un prince

Au château de Pau,
par une froide nuit de l'hiver 1553,
un enfant vient de naître.
Il s'appelle Henri.
Sa mère, Jeanne d'Albret,
est la fille du roi de Navarre.
Son père, Antoine de Bourbon,
est un cousin du roi de France.

13 décembre 155.
Le futur Henri I'
dans les bra
de so
grand-pèr

**Le berceau d'Henri
est une carapace
de tortue géante.**

Selon la coutume
des paysans
de Navarre,
son grand-père,
le roi, frotte
les lèvres
du nouveau-né avec une gousse d'ail.
Puis il lui fait sentir une coupe
remplie de vin. Le nourrisson
fripe sa petite bouche avec une grimace
de contentement.
« Ce petit prince sera fort et solide ! »
conclut fièrement le vieil homme.

**Perché sur une colline,
le château de Pau.**

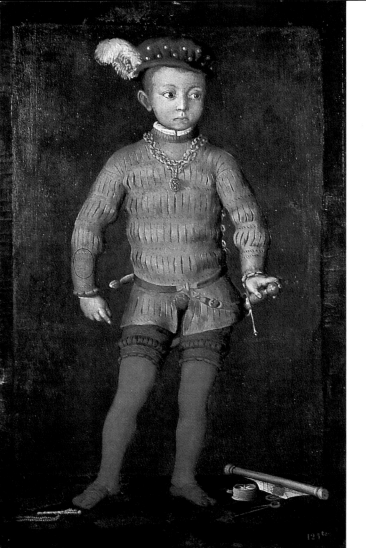

LE PETIT LION

« La brebis a enfanté d'un lion » s'est écrié
le roi de Navarre à la naissance d'Henri.
Et pour que l'enfant devienne fort
comme le lion, roi des animaux,
il prend les choses en main.
Le vieux roi envoie Henri au manoir
de Coarraze, près de Pau,
où il le confie aux bons soins
de la famille du baron de Miossens.

Portrait d'Henri IV, enfant.

**Une vie simple mais
une éducation de roi.**

« Habillez-le comme les enfants
du pays, nu-tête et nu-pieds.
Nourrissez-le simplement,
de pain, de bœuf, de fromage
et d'ail », recommande-t-il.
Pourtant, très tôt,
le petit prince découvre
qu'il est une personne importante.
Il est le futur roi de Navarre.
À trois ans, il est nommé
lieutenant général et présenté
au roi de France.
À quatre ans et demi,
on lui fait signer
ses premières lettres de chef …

LA FRANCE

Le manoir de Coarraze.

Pendant qu'Henri joue au milieu des animaux, au paisible manoir de Coarraze, la France est déchirée par un terrible conflit. En ce seizième siècle, l'Église catholique française est riche et puissante. « Trop riche ! Trop puissante ! » commencent à grogner certains. Ces mécontents, chaque jour plus nombreux, voudraient que l'Église soit plus modeste, plus proche de Dieu.

Le Pape, vu par les protestants.

COUPÉE EN DEUX

Ils se rassemblent et fondent une nouvelle Église.
On les appelle les protestants.
De leur côté, les catholiques
ne peuvent supporter une telle révolte.
Aux quatre coins du pays, ils pourchassent
les protestants allant parfois jusqu'à les massacrer.
Dans les deux camps, la colère monte.
La France est coupée en deux.
En 1562, la guerre éclate.
Pendant plus de trente ans,
les français vont s'entre-tuer
au nom de Dieu.

**Un moine ... toujours
vu par les protestants.**

L'allemand Luther (1483-1546)
fut à l'origine du protestantisme.

OTAGE

Antoine de Bourbon et ses armes.

Jeanne d'Albret et ses armes.

La guerre, Henri en découvre toute la violence à l'intérieur de sa propre famille.
Car pour ses parents, le temps de l'amour est révolu.
Antoine, le catholique, et Jeanne, la protestante, sont devenus étrangers l'un à l'autre !
Henri, qui a maintenant huit ans, est avec son père à la cour du roi de France.
Le roi Henri II est mort.
Sa femme, Catherine de Médicis, autoritaire et tout de noir vêtue, gouverne en attendant que Charle son fils aîné, soit en âge de porter la couronne.

DE LA REINE CATHERINE

Lorsqu'Antoine, le père d'Henri,
meurt à la guerre, Catherine de Médicis
décide de garder le jeune garçon
en otage à la cour.
C'est, pour elle, un bon moyen
de tenir la mère de l'enfant,
la très puissante Jeanne,
reine de Navarre et
chef des protestants,
à sa merci …

**Depuis la mort d'Henri II,
en 1559, Catherine
dirige la France.**

LES PRÉDICTIONS

**Le jeune roi
Charles IX.**

Henri a une dizaine d'années
quand Catherine de Médicis
décide que son fils Charles
est en âge de monter sur le trôn...
Elle organise un long voyage
à travers la France pour présente...
le nouveau roi à son peuple.
Elle emmène Henri, son otage,
avec elle.

**1564-1565 : le grand voyage
d'Henri à travers la France.**

DE NOSTRADAMUS

En cours de route, le jeune garçon
va faire une étrange rencontre.
Dans la ville de Salon-de-Provence,
où le cortège royal fait étape,
Nostradamus, le célèbre astrologue
réputé capable de prédire l'avenir,
demande l'autorisation de voir
le petit prince de Navarre.
On raconte qu'après avoir été introduit
dans la chambre d'Henri et après l'avoir
longuement observé en silence,
Nostradamus aurait dit :
« Cet enfant deviendra
roi de France et de Navarre ».

**Portrait de Nostradamus,
le grand astrologue.**

AVEC JEANNE,

Voilà cinq ans déjà qu'Henri vit
à la cour du roi de France.
Jeanne, sa mère, brûle d'impatience
de le reprendre auprès d'elle.
Lasse d'attendre le bon vouloir
de la reine-mère, elle décide
de passer à l'action.
Elle enlève son propre fils pour
le ramener dans sa Navarre natale.
Henri a treize ans.
Pour lui, c'en est fini
des fastes de la Cour !

Jeanne d'Albret et les armes de Navarre.

LA PROTESTANTE

Car Jeanne, l'austère protestante,
veille maintenant sur l'éducation de son fils.
Pour en faire un homme, un soldat et un roi,

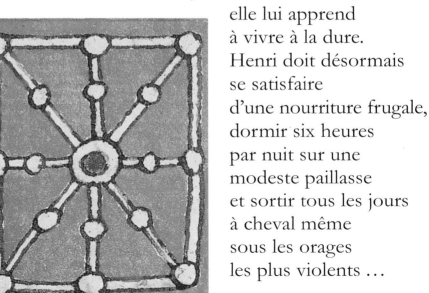

elle lui apprend
à vivre à la dure.
Henri doit désormais
se satisfaire
d'une nourriture frugale,
dormir six heures
par nuit sur une
modeste paillasse
et sortir tous les jours
à cheval même
sous les orages
les plus violents …

ROI DE NAVARRE

Henri n'est plus un enfant.
Il a dix-neuf ans.
C'est un jeune homme mince et vif,
aux yeux bleus et pétillants.
Voilà plus de six ans qu'il mène
une vie rude et sans confort.
D'abord en Navarre auprès de sa mère,
puis dans les rangs de l'armée protestante
où il vient de faire l'apprentissage
du dur métier de la guerre.

Maintenant, Henri doit se marier.
Sa future épouse s'appelle Marguerite de Valois.
C'est la sœur du roi de France
et la fille de Catherine de Médicis.
Alors qu'elle règle les derniers détails de la noce,
Jeanne meurt subitement.
Voilà Henri orphelin. Il est triste.
Car il sait « qu'il doit tout »
à cette mère sévère et aimante.
Mais en mourant, Jeanne lui laisse un fameux héritage :
il est désormais roi de Navarre !

Marguerite de Valois

La belle Margot

Margot et Henri ont trois ans lorsqu'on les fiance.

Marguerite, que ses proches appellent familièrement Margot, est très belle.
Pourtant, Henri ne l'aime pas.
Ce mariage, il ne l'a pas choisi.
Ce sont Catherine de Médicis et Jeanne d'Albret qui ont tout arrangé.
« En épousant ma fille, Henri le prince protestant, finira bien par se convertir au catholicisme » a calculé Catherine.
De son côté, Jeanne a vu en ce mariage une espérance de paix.

Margot, à l'époque de son mariage.

**Roi et reine
de Navarre.**

La noce est célébrée
en grandes pompes le 18 août 1572.
Margot est éblouissante
dans sa robe de mariée.
Ses bijoux de pierres précieuses
brillent doucement dans la pénombre
de l'église. Trois princesses portent
la traîne de son long manteau.
Henri, lui, est escorté
de huit cents gentilshommes
protestants habillés de noir
pour porter le deuil de Jeanne.

L'AUBE SANGLANTE

Le 22 août 1572, plus de 5000 protestants sont massacrés.

Le roi Charles IX.

Dans le vieux palais du Louvre, la haute noblesse
fête à grands bruits le mariage d'Henri et de Margot.
Au même moment, un terrible massacre
se prépare en secret.
Catherine de Médicis a convaincu son fils,
le roi Charles IX, de faire tuer
tous les chefs protestants présents à la noce.
« Tuons tous les protestants du royaume ! »
décide finalement le roi.

À l'aube du jour de la Saint-Barthélémy, au Louvre,
tous les chefs protestants sont assassinés.
Dans les rues de Paris, les protestants,
surpris en plein sommeil, sont jetés par les fenêtres.
Les cadavres s'entassent pêle-mêle sur la chaussée.
C'est un véritable massacre.
Henri est un des rares rescapés …

UNE PRISON DORÉE

Henri a survécu au massacre.
Il est gardé prisonnier au Louvre.
Mais pour lui, qui est le beau-frère du roi,
c'est une prison dorée.
Henri danse, joue, courtise les demoiselles …
Est-il donc réellement indifférent
à la tuerie qui vient de coûter la vie
à la plupart de ses amis ?
Non ! Henri joue la comédie …
Il sait que pour garder la vie sauve,
il n'a pas le choix. Il doit coûte que coûte
faire croire à la Sainte-Ligue,
le parti des catholiques fanatiques,
qu'il est désormais de leur côté.

Le Louvre est bien gardé.

Pourtant, dans le secret de sa chambre, il écrit à un camarade d'enfance :

« La cour est la plus étrange que vous ayez jamais vu. Nous sommes presque toujours prêts à nous couper la gorge les uns aux autres. »

On danse beaucoup à la cour de France.

Voilà quatre ans déjà qu'Henri
est retenu de force au Louvre.
Margot et lui, d'un commun
accord, ont vite renoncé
à vivre comme mari et femme.
Charles IX est mort.
Son frère Henri III lui a
succédé à la tête du royaume.
Les guerres de religion
mettent toujours le pays
à feu et à sang.

**Henri III, le nouveau roi
de France, est monté
sur le trône en 1574.**

LIBRE !

Pourtant,
en ce jour de février 1576,
Henri a le cœur léger.
Au cours d'une partie de chasse
au cerf dans la forêt de Senlis,
il a enfin réussi à s'enfuir !
« Ventre-Saint-Gris, je suis libre ! »
s'est-il sans doute écrié,
tandis que son cheval
l'entraîne au grand galop
dans la nuit obscure et glaciale.

**Libre, Henri peut
aller rejoindre ses
amis protestants.**

27

LONG-NEZ

**La Rochelle,
bastion des protestants.**

Libéré de sa prison, Henri
n'a qu'une idée en tête :
rejoindre l'armée protestante
à La Rochelle pour
en prendre le commandement.
Mais les protestants
ne l'entendent pas
de cette oreille !

Ils n'ont plus vraiment confiance
en cet Henri de Navarre qui,
après être sorti sain et sauf
du massacre de la Saint-Barthélémy,
a passé de trop longues années
à la très catholique cour du roi.

En attendant des jours meilleurs, Henri s'installe
dans sa province de Guyenne, près de Bordeaux.
Il en est le gouverneur et va y rester treize ans.
Ici, tout le monde aime ce prince
aux manières simples et amicales.
Les villageois, qui le voient souvent arpenter
ses terres à cheval, l'invitent sans façon à leur table.
Ils le surnomment familièrement « Long-Nez ».

**Henri est souvent
représenté
en compagnie
de paysans.**

HENRI IV

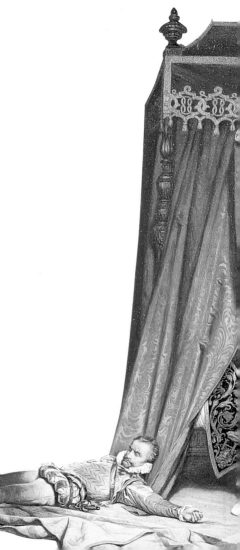

Nous sommes en 1589.
Henri a trente-six ans.
Déjà ses cheveux et sa barbe grisonnent.
Tandis qu'il gouverne sa province de Guyenne,
le Louvre est le théâtre d'une grave crise politique.
Catherine de Médicis est morte.
Son fils, le roi Henri III, est de plus en plus seul.
Il commence à en avoir assez … assez de
dépendre de la Sainte-Ligue,
le tout-puissant parti des catholiques.
Pour les réduire au silence,
il décide de faire assassiner leur chef, le duc de Guise.

1588, le duc de Guise est assassiné.

Le 1er août 1589,
le moine
Jacques Clément
poignarde le roi.

Peu de temps après,
Henri III est tué à
son tour ...
Selon la coutume,
quand un roi meurt sans avoir eu de fils,
c'est son plus proche cousin
qui hérite de la couronne.
Or ce cousin n'est autre qu'Henri.
Du jour au lendemain, il devient
roi de France sous le nom de Henri IV.
Mais les Français ne veulent pas
d'un roi protestant ...

Avant de mourir,
Henri III désigne Henri
comme son successeur.

Un roi sans royaume

« Un roi sans royaume,
un capitaine sans argent,
un mari sans femme »,
voilà comment se définit lui-même Henri.
Il n'a pour le moment qu'une seule richesse
entre les mains. C'est sa volonté tenace
de monter sur le trône.
Mais la grande majorité des Français
est bien décidée à l'empêcher de régner.
Henri le sait, il n'a pas le choix.

**Le roi protestant fait la guerre
à ses sujets catholiques.**

Il lui faut faire la guerre à son propre peuple pour reconquérir
son royaume par les armes.
Malgré la faiblesse de son armée, il livre bataille sans répit,
de ville en ville, de province en province …
Infatigable, toujours à cheval, botté et crotté de boue,
sa vie ressemble bien peu à celle d'un roi !

LE PANACHE BLANC

À Ivry, en 1590, Henri s'apprête
à remporter une de ses plus grandes batailles.
La légende veut que ce soit grâce
à son chapeau orné d'une améthyste
et d'une grande plume blanche.
Voilà ce qu'on raconte …
Au milieu de la pagaille du combat,
Henri crie à ses hommes :
« Ralliez-vous à mon panache blanc,
il vous montrera le chemin de la victoire. »
Quelques heures plus tard,
pour fêter la déroute des catholiques,
il s'attable avec ses capitaines.
Ensemble, épuisés mais contents,
ils dégustent une omelette fourrée
aux gousses d'ail. « C'est la viande
des bons soldats », affirme Henri,
ce roi qui n'a pas peur de risquer
sa vie sur le champ de bataille.

**Sur le chapeau d'Henri IV,
une magnifique plume d'autruche.**

PARIS LA REBELLE

Un roi sans capitale ? Ça ne s'est jamais vu !
Or Paris, sous l'autorité de la Sainte-Ligue Catholique,
est une des villes les plus rebelles à Henri IV.
Mais le « roi au panache blanc » n'a pas dit son dernier mot.
Méthodiquement, dès le mois de mai 1590, il met en place le blocus de la ville.
« En affamant les Parisiens, je les obligerai bien à se soumettre ! » espère-t-il.
Dans Paris assiégé, le pain vient vite à manquer. On mange les chiens,
les chats, les rats, l'herbe et le cuir.
On pile même les os des morts
pour en faire de la farine.
En août, les Parisiens n'en peuvent plus.
Ils sont prêts à se rendre.
Mais l'armée espagnole,
venue en renfort de la Sainte-Ligue,
oblige Henri à lever le siège.

Henri I
devant Pari

**L'armée d'Henri IV ne fait pas
le poids face aux Espagnols.**

LE SAUT PÉRILLEUX

Que réclament les Parisiens ?
Un Roi-Très-Catholique !
Henri, découragé par des années de guerre
aussi sanglantes qu'inutiles, se rend à l'évidence.
Le seul moyen de monter sur le trône,
c'est de renoncer à la religion protestante.
Décision difficile !
C'est un véritable saut périlleux
à effectuer sans filet.
Mais tant pis ! « Paris vaut bien une messe ».

Coup de théâtre :
Henri renonce au protestantisme.

Le 25 juillet 1593, il prête en l'église de Saint-Denis
le serment solennel de « vivre et mourir
en la religion catholique ».
Pour la cérémonie, il est vêtu de satin blanc
et porte son légendaire chapeau à panache.
Une foule immense est là pour l'acclamer
aux cris de « Vive le roi ! »
Henri a quarante ans.
Son vrai règne
peut enfin commencer.

**Sur le parchemin, il est écrit qu'Henri
jure fidélité à l'Église catholique.**

HENRI-LE-GRAND

Avec Henri IV, c'est une nouvelle dynastie
qui commence, celle de la famille des Bourbon.
Après avoir renoncé à sa religion, il s'est fait sacrer
solennellement à la cathédrale de Chartres.
Par ce geste, il est devenu plus qu'un roi :
C'est avec la bénédiction de l'Église
qu'il va maintenant pouvoir gouverner.
Désormais, ses ennemis d'hier
s'agenouillent avec respect devant lui.

Nantes, avril 1598.
Henri IV garantit
les droits des protestants.

Henri, qui sait se montrer autoritaire,
entend être obéi de tous.
Mais il n'oublie pas pour autant
ses amis protestants.
Par le célèbre Édit de Nantes,
signé en 1598, il leur garantit
la liberté religieuse et l'égalité de droits
avec les catholiques.
La même année,
en signant le traité de Vervins,
il débarrasse le territoire
de l'armée espagnole.
Grâce à Henri-Le-Grand,
les Français retrouvent la paix …

l'Édit de Nantes.

Une image populaire de Sully.

Henri aime à donner
à son peuple l'image
d'un bon père juste et sévère.
Comme le ferait un père attentif
pour sa maison en ruine,
il reconstruit pierre à pierre
son royaume dévasté
par trente ans de guerre.
Dans cette tâche énorme et
difficile, Sully est là pour l'aider.
Sully est bien plus qu'un ministre
C'est un ami fidèle,
un brillant conseiller
et un financier de génie
qui remplit d'or les caisses vides
du royaume.

AU POT

De son côté, Henri jette
« les yeux avec des larmes
sur le pauvre peuple appauvri ».
Il sait que le retour à la prospérité passe
par l'enrichissement des paysans.
Car ceux-ci représentent l'immense
majorité de la population.
Aussi promet-il : « Je ferai qu'il n'y aura
point de laboureur en mon royaume
qui n'ai le moyen d'avoir une poule
dans son pot. »
Sous sa direction, la France retrouve
peu à peu un visage souriant.

**Aujourd'hui encore la poule au pot
est associée au souvenir d'Henri IV.**

LE BÂTISSEUR

Henri est grand amateur d'architecture.
Il fait élargir les routes, équipe les rivières de grands ponts
et se lance dans un ambitieux programme de construction.
Sous ses ordres, le vieux Louvre est rénové pour devenir
« un palais moderne à la taille de la France ».

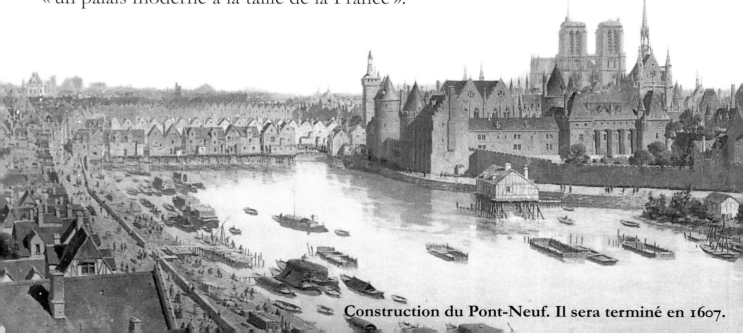

Construction du Pont-Neuf. Il sera terminé en 1607.

L'hôpital Saint-Louis est construit selon un plan révolutionnaire
qui laisse entrer à flot l'air, l'eau et la lumière.
Henri fait terminer le Pont-Neuf
qui devient vite une des promenades préférées des Parisiens.
Il embellit ses châteaux de Saint-Germain-en-Laye et de Fontainebleau
qu'il agrémente de magnifiques jardins.
On raconte que souvent, il se mêle anonymement à la foule des curieux
pour surveiller discrètement l'avancée des travaux …

LE ROI AUX DEUX

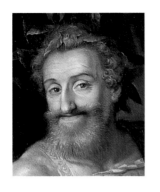

Le « bon roi Henri » aime s'amuser.
Et à la cour du Louvre, les divertissements ne manquent pas !
Henri se passionne pour les ballets de cour raffinés,
joue à la paume jusqu'à une heure avancée de la nuit
et s'entoure de bouffons à l'allure grotesque.

Mais derrière l'aimable visage d'Henri-Le-Bon-Vivant se cache un roi très autoritaire.
Les grands seigneurs, habitués à exercer un large pouvoir,
apprennent vite que l'on ne peut
tenir tête à ce nouveau roi.

VISAGES

Henri le leur fait clairement comprendre :
c'est lui, et lui seul, qui entend désormais
commander le royaume de France.
Cette nouvelle façon de gouverner
s'appelle « l'absolutisme ».
Le petit fils d'Henri IV, Louis XIV,
le tout puissant Roi-Soleil, la reprendra
à son compte, cinquante ans plus tard …

Un roi autoritaire.

LE VERT-GALANT

Henri, le roi autoritaire,
est aussi Henri-Le-Vert-Galant , l'éternel amoureux.
Sa passion pour les femmes est légendaire.
À côté des amourettes sans lendemain,
il connaît de véritables histoires d'amour
profondes et durables.
Pour Corisande, Charlotte, Gabrielle,
il se fait tendre et poète.
« Le cœur blessé, les yeux en larmes
Ce cœur ne songe qu'à vos charmes »
écrit-il à la blonde Gabrielle d'Estrée.
Henri est fou de Gabrielle.
À tel point qu'il va jusqu'à
lui promettre de l'épouser.

**À l'origine, un vert-galant était un bandit.
Henri IV est une autre sorte de brigand !**

Gabrielle d'Estrée, favorite du roi.

Malheureusement Gabrielle meurt peu de temps avant le mariage. Henri affirme qu'il est inconsolable. Pourtant, à peine quelques semaines plus tard, l'incorrigible Vert-Galant tombe sous le charme d'une jeune Henriette brune et rieuse …

César, l'aîné des trois enfants de Henri IV et de Gabrielle.

49

LA REINE MARIE

Avec sa femme, Margot,
Henri n'a pas eu d'enfants.
Or un roi doit avoir un héritier !
Aussi, tandis qu'il papillonne
d'une femme à l'autre,
les diplomates font annuler
son mariage et organisent
de nouvelles noces
avec Marie de Médicis,
la nièce de Catherine.

**Née en 1573, Marie
a vingt ans de moins
que son mari.**

| LOYS DAVPHIN DE FRANCE. | MONSEIGNEVR LE DVC D'ORLEANS. | MONSEIGNEVR LE DVC D'ANIOV. | MADAME CHRISTINE. | MADAME ELIZABETH. |

**Les enfants d'Henri IV
et de Marie de Médicis.**

Le roi découvre le portrait de sa future femme.

Le mariage est célébré en 1600,
… en l'absence du marié !
Car Henri est en Savoie où il règle
d'urgentes affaires militaires.
Lorsque les deux époux se rencontrent
pour la première fois, des mois plus tard,
ils ne savent que se dire. Et pour cause !
Marie l'Italienne ne parle pas un mot de français …
Mais ils apprendront à se connaître.
Cinq enfants naîtront de leur union.

UN BON PÈRE

Bon père pour son peuple, Henri est aussi un bon père pour ses enfants.
Au château de Saint-Germain-en-Laye, il fait élever ensemble ses enfants légitimes et ceux de ses maîtresses. Cela ne plaît guère à sa femme, Marie, mais c'est ainsi … Cette joyeuse troupe grandit sous l'œil vigilant d'une gouvernante.

Le roi reçoit l'ambassadeur d'Espagne dans la chambre de ses enfants.

Souvent, Henri vient leur rendre visite.
Il aime jouer avec eux, les câline
et s'affole à la moindre petite maladie.
Mais il sait aussi se montrer sévère.
Et surtout à l'égard du Dauphin,
le petit Louis. Car il sait que la vie
de roi qui attend l'enfant
ne sera pas toujours facile.
Pour l'endurcir,
il recommande qu'on le fouette
à la moindre bêtise …

À gauche, sur les genoux d'une gouvernante,
le dauphin Louis. À droite, le jeune César,
fils de Gabrielle d'Estrée.

UN CERTAIN RAVAILLAC

À cinquante-six ans,
Henri est un roi satisfait à la tête
d'un royaume paisible et prospère.
Le 14 mai 1610, vers seize heures,
il décide d'aller chez son ministre Sully.
Son lourd carrosse s'ébranle lentement.
Un homme à pied le suit. C'est un grand
et fort rouquin du nom de Ravaillac.
Cet homme n'a pas toute sa raison.
C'est un « fou de Dieu », un catholique
fanatique qui n'a jamais pardonné
à Henri son passé de protestant.

Dans sa poche, il cache un long poignard
et n'a qu'une idée en tête : tuer le roi !
Rue de la Ferronnerie, la voiture royale est immobilisée
par une charrette de foin qui s'est mise en travers
de la chaussée. Ravaillac se hisse par la portière.
D'un geste rapide et décidé,
il poignarde le roi.
Tandis qu'Henri
murmure à ses amis
affolés, « ce n'est
rien ! », il s'affaisse,
mourant,
sur sa banquette.

**Fin d'un règne.
Ravaillac poignarde
le roi.**

U N ROI

Une légende raconte qu'à Pau,
le jour même de la mort d'Henri,
ses armes représentées au-dessus
de la porte du château
se brisèrent soudain.
Au même moment, les vaches
du troupeau royal se couchèrent
en rond en poussant
des meuglements lugubres.
Le taureau, appelé « Le Roi »,
devint fou furieux.
D'un bond, il vint se briser les cornes
contre la porte du château.
Puis il se jeta dans le fossé
et mourut dans la chute.

**Le roi est mort !
Marie de Médicis pleure son mari.**

DE LÉGENDE

On dit que les paysans,
comprenant tout à coup,
se mirent à crier :
« Le roi est mort ! ».
En ce jour du 14 mai 1610,
la légende du « bon roi Henri »
était née. Elle ne cessera
de grandir à travers les siècles.

Pendule du XIXe siècle.
Plus de deux siècles
après sa mort,
Henri IV est toujours
à l'honneur.

Crédits photographiques

Couverture : *Entrée d'Henri IV à Paris,* peinture, Paris, musée Carnavalet.

Page 2 : *François Ier*, peinture de J. Clouet (détail), Paris, musée du Louvre, photo R.M.N.

Henri II, peinture de J. Clouet (détail), Paris, musée du Louvre, photo R.M.N.

François II, émail peint de Limoges (détail), Paris, musée du Louvre, photo R.M.N.

Charles IX, peinture de J. Clouet (détail), Paris, musée du Louvre, photo R.M.N.

Henri III, peinture (détail), Chantilly, musée Condé, photo Giraudon.

Henri IV, peinture de A. Dubois (détail), Pau, musée national du château, photo R.M.N.

Louis XIII, peinture de S. Vouet (détail), Paris, musée du Louvre, photo R.M.N.

Louis XIV, peinture de H. Rigaud (détail), Paris, musée du Louvre, photo R.M.N.

Pages 6-7 : *Naissance d'Henri IV,* gravure (détail), Pau, musée national du château.

Visite des habitants de la vallée d'Assau au berceau d'Henri IV, peinture de H.P. Poublan (détail), Pau, musée national du château.

Le château de Pau, dessin de H. J. Harpignies, Pau, musée national du château.

Pages 8-9 : *Henri IV enfant*, peinture, école française, Pau, musée national du château, photo R.M.N.

Lion, gravure (détail), Pau, musée national du château.

L'éducation d'Henri IV, peinture de J. B. Mallet (détail), Pau, musée national du château.

Pages 10-11 : *Le château de Coarraze*, gravure (détail), Pau, musée national du château.

Attaque contre le pape, gravure (détail), photo Roger-Viollet.

Luther, peinture de Cranach (détail), Florence, musée de la peinture.

Moine, gravure, coll.part., photo Seguin.

Pages 12-13 : *Antoine de Bourbon*, gravure, Pau, musée national du château.

Jeanne d'Albret, peinture anonyme (détail), Pau, musée national du château.

Armoiries, Pau, musée national du château.

Catherine de Médicis, gravure (détail), Pau, musée national du château.

Pages 14-15 : *Carte illustrée*, © Christine Soufflet.

Charles IX, peinture de F. Clouet (détail), Paris, musée du Louvre, photo R.M.N.

Nostradamus, gravure (détail), photo Giraudon.

Pages 16-17 : *Jeanne d'Albret* (détail), Pau, musée national du château.

Armes de Navarre, Pau, musée national du château.

Pages 18-19 : *Henri, roi de Navarre*, peinture anonyme, Pau, musée national du château.

Siège de Dieppe par le duc de Maine, gravure de G. de Cavalleriis (détail), Pau, musée national du château.

Marguerite de Valois, reine de Navarre, gravure, Pau, musée national du château.

Pages 20-21 : *Marguerite de Valois enfant*, dessin, Blois, musée du château, photo Roger-Viollet.

Marguerite de Valois, Chantilly, musée Condé, photo Roger-Viollet.

Henri et Marguerite, miniature, Paris, Bibliothèque nationale de France.

Pages 22-23 : *Le massacre de la Saint-Barthélémy*, gravure, Pau, musée national du château.

Charles IX, gravure, Pau, musée national du château.

Pages 24-25 : *La sortie des Espagnols par la porte Saint-Denis*, gravure (détail), Pau, musée national du château, photo Roger-Viollet.

Bal donné à la cour d'Henri III, peinture de L. de Caulery, Rennes, musée des Beaux-Arts, photo Roger-Viollet.

Pages 26-27 : *Henri III à cheval*, peinture, Chantilly, musée Condé, photo Giraudon.

Henri IV à cheval, gravure (détail), Pau, musée national du château.

Pages 28-29 : *Plan de la Rochelle*, gravure (détail), Pau, musée national du château.

Henri IV, gravure (détail), Pau, musée national du château, photo Roger-Viollet.

Henri IV et le meunier Michaud, dessin, D.R.

Pages 30-31 : *Assassinat du duc de Guise*, peinture de H. Delaroche, Blois, musée du château, photo Giraudon.

Assassinat de Henri III, gravure (détail), Pau, musée national du château.
Henri III désigne Henri IV, tapisserie (détail), Écouen, musée national de la Renaissance, photo R.M.N.
Pages 32-33 : *Henri IV chargeant à la tête de sa cavalerie*, peinture de France ou Flandres (détail), Pau, musée national du château.
Ordonnance de la bataille d'Ivry, gravure (détail), Pau, musée national du château.
Pages 34-35 : *Henri IV à la bataille d'Ivry*, gravure (détail), photo Roger-Viollet.
Henri IV rencontrant Sully blessé , peinture de F. R. André (détail), Pau, musée national du château, photo R.M.N.
Pages 36-37 : *Le roi allant à Notre-Dame*, gravure (détail), Pau, musée national du château, photo Roger-Viollet.
Henri IV devant Paris, peinture de France ou Flandres, Pau, musée national du château.
pages 38-39 : *Abjuration de Henri IV* (détail), peinture de N. Bollery, Meudon, musée d'art et d'histoire.
Abjuration de Henri IV (détail), peinture de Robert-Fleury, Pau, musée national du château, photo R.M.N. © Dubourg.
Pages 40-41 : *Henri IV promulge l'Édit de Nantes, gravure* (détail), Pau, musée national du château.
L'Édit de Nantes, Paris, Archives nationales, photo Giraudon.

Pages 42-43 : *Sully,* gravure, Pau, musée national du château.
La poule au pot, gravure, photo Roger-Viollet.
Pages 44-45 : *Construction du Pont-Neuf,* peinture de Hoffbauer (détail) Paris, musée Carnavalet, photo G. Leyris.
Pages 46-47 : *Henri IV en Mars* , peinture de A. Dubois (détail), Pau, musée national du château, photo R.M.N.
Un bal au temps des Valois (détail), peinture anonyme, Rennes, musée des Beaux-Arts, photo Roger-Viollet.
*Henri IV (*détail), gravure, Pau, musée national du château, photo R.M.N.
Pages 48-49 : *Henri IV caracolant devant une dame,* peinture de N. A. Taunay (détail), Pau, musée national du château.
Gabrielle d'Estrée et ses enfants, peinture du XVIᵉ (détail), Azay-le-Rideau, photo Roger-Viollet.
César, duc de Vendôme, enfant, gravure, Pau, musée national du château.
Pages 50-51 : *Marie de Médicis*, gravure (détail), Pau, musée national du château.
Les enfants d'Henri IV, gravure, photo Roger-Viollet.
Henri IV reçoit le portrait de Marie de Médicis, peinture de Rubens (détail), Paris, musée du Louvre, photo R.M.N.
Pages 52-53 : *Henri IV jouant avec ses enfants,*

peinture d'Ingres, Paris, musée du Petit Palais, photo Roger-Viollet.
Henri IV en famille, gravure (détail), Pau, musée national du château.
Pages 54-55 : *Assassinat d'Henri IV*, gravure de C. Cordoys (détail), Pau, musée national du château.
Pages 56-57 : *La reine pleurant son époux mort,* gravure, photo Roger-Viollet
Pendule à la Henri IV (détail), Pau, musée national du château, photo R.M.N.
Quatrième de couverture : *Henri IV enfant*, peinture (détail), Pau, musée national du château., photo R.M.N.
Henri IV caracolant devant une dame, peinture (détail), Pau, musée national du château, photo R.M.N.

Cet ouvrage a été achevé d'imprimer en février 1995, sur les presses de l'imprimerie Aubin, à Ligugé.
Il a été relié par la Sirc.
Les illustrations ont été gravées par Arciel graphic.
Papier Royal Impression Satin 170 g

Dépôt légal : février 1995
ISBN : 2-7118-3171-X
JA 10 3171

François Ier
roi de France
en 1515

Henri II
roi de France
en 1546

François II
roi de France
en 1559

Charles IX
roi de France
en 1560